BEI GRIN MACHT SICH IHR WISSEN BEZAHLT

AF149036

- Wir veröffentlichen Ihre Hausarbeit,
  Bachelor- und Masterarbeit

- Ihr eigenes eBook und Buch -
  weltweit in allen wichtigen Shops

- Verdienen Sie an jedem Verkauf

Jetzt bei www.GRIN.com hochladen und kostenlos publizieren

Eugen Daser

Collage einer Zuwanderungsgeschichte

Themen aus den Sinus-Milieu-Studien

GRIN Verlag

Bibliografische Information der Deutschen Nationalbibliothek:

Die Deutsche Bibliothek verzeichnet diese Publikation in der Deutschen National-
bibliografie; detaillierte bibliografische Daten sind im Internet über http://dnb.d-
nb.de/ abrufbar.

Impressum:

Copyright © 2011 GRIN Verlag GmbH
Druck und Bindung: Books on Demand GmbH, Norderstedt Germany
ISBN: 978-3-656-35991-3

Dieses Buch bei GRIN:

http://www.grin.com/de/e-book/206915/collage-einer-zuwanderungsgeschichte

Hochschule Regensburg

Fakultät Angewandte Sozialwissenschaften

Collage einer Zuwanderungsgeschichte

(Themen aus den Sinus –Milieu-Studien)

Eugen Daser

Sommersemester 2011

Lehrveranstaltung: Ausgewählte Themen aus den Sinus-Studien

Inhaltsverzeichnis

1   Einführung in die Thematik

Ihren Ursprung findet die Sinus-Milieu-Studie im Jahre 1979 am Sinus – Institut in Heidelberg, dabei stammen die theoretischen Grundlagen aus den soziologischen Vorläufern der Lebensstil- bzw. Lebensweltanalyse u. A. von Bourdieu.

Das ursprüngliche Bestreben dabei war die empirische Bestimmung sozialästhetischer Ungleichheit und deren Auswirkungen auf politische Bildung und Kommunikation (vgl. Reeb, M. 1998. S. 24).

Bourdieu geht dabei in feinen Unterschieden davon aus, dass hinsichtlich der Verhaltens-, Denk- und Wahrnehmungsschemata sich soziale Klassen von ihrer sozioökonomischen Lage unterscheiden, sowie das zwischen diesen Bereichen systematische Beziehungen bestehen.

„So geht er auch davon aus das jede Vorliebe für Musik und Kunst wie kultureller Praxis, primär mit der sozialen Herkunft und dem Ausbildungsgrad in Zusammenhang steht" (vgl. Bourdieu. 1982. S. 18).

Anhand der Sinus-Studien zu den Migranten-Milieus, die zum einen als eine Untersuchung der Lebenswelten gelten und zum anderen auch als ein Modell der Gesellschaft, indem Menschen, die sich in ihrer Lebensweise und -auffassung ähnlich sind zusammen gefasst werden zu sehen sind, möchte ich den Schwerpunkt meiner Arbeit auf die Elternschaft legen, sowie einen Blick auf die Partnerschaft werfen.

2   Herr M. stellt sich vor

Über den Ursprung und seiner Wanderung, bis zu seiner persönlichen und gegen-
wärtigen Geschichte, möchte ich Herrn M. kurz vorstellen.

2.1   Ursprung und Wanderung

Herr M. stammt aus dem ehemaligen Jugoslawien, er ist von dort mit seinen Eltern
1975 nach Deutschland gekommen. Herr M. war damals vier Jahre alt, von seiner
Kindheit in Deutschland kann er nur wenig berichten, er erinnert sich daran, das er
im Kindergarten war und das dies (ebenso wie die Grundschule) keine schöne Zeit
für ihn war.
Seine Mutter war dennoch immer darauf bedacht, dass er viele Kontakte zu deut-
schen Kindern hatte.
Nach dem Besuch der Grundschule zog die Familie von Bayern nach Nordrhein-
Westfalen.
Über seinen Vater weiß er wenig zu berichten, er hatte wohl einen höheren Bil-
dungsabschluss und war Schreiner. Er verstarb 1985 nach einem sehr arbeitsreichen
Leben. Seine Freizeit hatte er überwiegend mit Jugoslawen verbracht.
Seine Mutter war Krankenschwester und arbeitete bereits einige Jahre vor dem Tod
seines Vaters in Teilzeit in einem Altenheim als Hilfskraft.
Nach dem Tod des Vaters hatte seine Mutter seiner Erinnerung nach nur noch wenig
Kontakte zu ehemaligen Landsleuten. Er selbst pflegte, mit Ausnahme von einigen
türkischen Jugendlichen, nur zu deutschen Kindern und Jugendlichen Kontakte.

2.2 Persönliches

Herr M. ist mittlerweile 40 Jahre alt, er hatte keine Mühen den Schulabschluss Mittlere Reife zu erlangen. Seine Kindheit und Jugend war dabei von einer kriminellen Phase begleitet. Dennoch gelang es ihm mit vielen Höhen und Tiefen während der Berufsausbildung als Schreiner, diese auch abzuschließen. Dies wäre ihm ohne die Unterstützung seiner Mutter und dem Glauben an ihm, wohl nicht gelungen.

Herr M. lebt seit dem Jahr 2000 wieder in Bayern, er hat das Abitur nachgeholt und mittlerweile ein abgeschlossenes Studium als Dipl. Pädagoge. Er hat einen neunjährigen Sohn, der bei ihm lebt.

Vor vier Jahren hatte er sein Coming Out und lebt seitdem in einer Lebensgemeinschaft mit einem marokkanisch-stämmigen Mann zusammen, der aber selbst noch eine kleine Wohnung hat. Sein Lebenspartner ist ein freischaffender Künstler und Musiker.

Zu seinem Sohn hat er ein ambivalentes Verhältnis, er hat ihn über seine Homosexualität kindgerecht informiert.

Als Erziehungsziele für den Sohn nennt er eine mehrsprachliche Bildung, eine gute Bildung an sich, Ehrlichkeit, Toleranz sowie ein offenes und ausgeprägtes Selbstbewusstsein.

Zur leiblichen Mutter des Sohnes hat er ein angespanntes Verhältnis, wenn es aber um grundlegende Entscheidungen für den Sohn geht, sind klare, sachliche Absprachen und Entscheidungen möglich.

Herr M. selbst beschreibt sich rückblickend als einen sehr angepassten Menschen, dem es immer wichtig war „es mal zu etwas zu bringen".

Dabei ist er politisch sehr interessiert, selbst aktiv in einer Selbsthilfegruppe für „Suchtverhalten" (näher möchte Herr M. in diesem Rahmen nicht darauf eingehen) engagiert, interessiert sich für ökologische Themen und richtet seine Lebensweise nach diesen Aspekten aus.

2.3 Sein Zuhause

Er lebt seit mehreren Jahren in einem sehr alten (meiner Ansicht nach „unrenovierbaren") Haus. Da ich Herrn M. beim Umzug geholfen habe, kann ich sagen, dass dieses Gebäude äußerlich wie innerlich, damals wie auch heute, stets einer chaotischen Baustelle glich.

Dennoch finden sich innerhalb des Hauses sowie im äußeren Areal, verschiedenartige „kleine Inseln" die zum einen von einer klaren und sehr spartanischen Art sind aber deutlich sowohl jugoslawisch, marrokanisch als auch deutscher Prägung sind.

2.4 Soziales Umfeld

Herr M. lebt zum einen sehr autark, ist aber sozial relativ gut eingebunden. Er pflegt die Kontakte mit Arbeitskollegen und hat einen sehr großen Freundeskreis, sagt aber selbst, dass die meisten dieser Kontakte nur oberflächlich sind. Außer seinem Partner benennt er zwei Menschen als seine wirklichen Freunde, er ist sportlich und hat mehrere Hobbys, die er auch pflegt.

3   Zuordnung des Milieus

Auf der Grundlage der Sinus-Milieus® möchte ich bezugnehmend auf die aktuelle Eltern-Kind-Studie der Konrad-Adenauer-Stiftung, differenziert die hier angebotenen Migranten-Milieus in Bezug auf Partnerschaft, Familie und Elternschaft betrachten:

- ✓ Religiös-verwurzeltes Milieu
- ✓ Traditionelles Gastarbeitermilieu
- ✓ Entwurzeltes Flüchtlingsmilieu
- ✓ Statusorientiertes Milieu
- ✓ Adaptives Integrationsmilieu
- ✓ Intellektuell-kosmopolitisches Milieu
- ✓ Multikulturelles Performermilieu
- ✓ Hedonistisch-subkulturelles Milieu

„Menschen mit Zuwanderungsgeschichte sind – wie die deutsche Bevölkerung – keine homogene Gruppe, ihr soziokultureller Wandel ist dabei sogar noch weitaus vielschichtiger, weil sie sich zu Werten und Verhaltensmustern aus mindestens zwei Kulturen verhalten müssen." (vgl. Merkle, Wippermann. S. 57)

Herr M. ist aus meiner Sichtweise vorwiegend dem Intellektuell-kosmopolitischen Milieu, wie aber auch dem Multikulturellen Performermilieu zuzuordnen.

Herr M. hat großes Interesse an Sport und neuen Medien, ist Neuem gegenüber offen, ist nicht konservativ, fühlt sich eher der jüngeren Generation zugehörig, er ist modebewusst und markenorientiert, er zeigt sich sehr selbstbewusst auch bzgl. seiner eigenen Leistungsfähigkeit und legt Wert auf seinen gesellschaftlichen Status. Bzgl. seines Sohnes würde er diesem zum einen gerne viel mehr Zeit zum Experimentieren und Entwickeln geben, andererseits zeigt er aber auch Missmut, da ihm die Angebote und Fördermöglichkeiten seines Kindes noch nicht als ausreichend erscheinen.

Auch die Wertevermittlung an seinem Sohn ist ihm wichtig (Gerechtigkeit, Stärke, Offenheit), dabei zeigt er sich liebevoll im Umgang mit ihm und ist ständig daran interessiert seine Kreativität zu fördern und bietet ihm hier auch altersadäquate Möglichkeiten an.

Auf sein Vater-Sein legt er großen Wert und setzt hier eine deutliche Priorität. Dabei versucht er trotz Trennung von der Mutter, einen gemeinsamen und gleichwertigen Erziehungsstil anzustreben und zu verfolgen.

Dabei gilt über allem für ihn, seine eigenen Bedürfnisse zu verwirklichen, denn dies ist für ihn zugleich auch ein Schlüssel zur Zufriedenheit und guten Entwicklung seines Kindes.

4   Abschließende Bemerkung

„So lässt sich aufzeigen, das Migranten-Milieus real existierende Teilkulturen unserer Gesellschaft, mit gemeinsamen Sinn- und Kommunikationszusammenhängen in ihrer Alltagswelt, sind." (vgl. Merkle, Wippermann. S. 58)

Herr M. hat wie auch alle anderen Elternteile, natürlich auch derer die nicht aus Migranten-Milieus stammen, einen großen Spagat zu leisten, denn seine familiären Werte stehen deutlich der wettbewerbsorientierten Wirtschaft entgegen.

Jedoch gelang es ihm (sicherlich auch durch sein nicht so traditionell geprägtes Weltbild), sich leichter zu assimilieren, und er ist letztlich meiner Ansicht nach in seinem Inneren etwas „nationalitätenlos", da er in vielen Dingen die Werte und Normen der deutschen Gesellschaft so verinnerlicht, das er von seinem jugoslawischen Ursprung nicht mehr viele Aspekte lebt. Er ähnelt daher etwas mehr einem Deutschem, als einem Menschen mit Zuwanderungsgeschichte.

Dabei ist auch die sozialwissenschaftliche Untersuchung der Konrad-Adenauer-Stiftung zu dem Ergebnis gekommen, „dass Eltern (Migranten wie Nicht-Migranten) eine größere gesellschaftliche Wertschätzung benötigen, indem ihre Bedürfnisse stärker als bislang berücksichtigt werden" (vgl. Merkle, Wippermann. S. 24).

Greift man diesen Ansatz auf, den Focus stärker auf die Eltern zu richten, und vergleicht dies mit den zentralen Ergebnissen der quantitativen wie qualitativen Studien der letzten Jahre (Konrad-Adenauer; Sinus-Jugendstudie U27, Shell-Studie), „kommt man zu dem Ergebnis, das feste soziale Milieus, durch normierende Institutionen und Organisationen die handlungsleitende Sinn- und Wertmuster in den letzten Jahrzehnten vorgaben und die Struktur bislang bestimmten, brüchig geworden sind" (vgl. Heckemann, C. S. 88).

So auch bei Herrn M., der sich nicht, wie anfangs vielleicht vermutet, in dem Religiös-verwurzeltem Milieu oder Traditionellem Gastarbeitermilieu oder dem entwurzeltem Flüchtlingsmilieu wieder findet.

Sondern meiner Ansicht nach über genügend Ressourcen verfügt, und somit meiner Meinung nach, auch keinen sozialpädagogischen Handlungsbedarf aufzeigt.

5   Collage

Da Herr M. zwar dem Interview zustimmte, aber sich sichtlich nicht ganz wohl dabei fühlte, bestand der ausdrückliche Wunsch von Herrn M., keine Fotos zu machen. Deshalb versuchte der Autor, die Inneneinrichtung des Hauses, anhand von Katalogbildern anzufertigen.

Insgesamt ähnelt die Einrichtung zum einen stark der Inneneinrichtung der deutschen Mittelschicht, zum andern sind auch nord-afrikanische Einflüsse spürbar. Dabei lässt sich anmerken das diese überwiegend auf dem Einfluss des Lebenspartners fußen.

Bevor ich letztlich noch zu den Bildern der Collage komme, möchte ich meine Arbeit gerne mit dem Hinweis, auf die Antwort Maria Montessoris, nach der Frage ihrer Nationalität abschließen:

„Ich wohne im Himmel,
mein Land ist ein Stern,
der sich um die Sonne dreht
und Erde genannt wird"   (Maria Montessori).

Abbildungsverzeichnis

http://www.zeit.de/politik/deutschland/2011-03/politischer-aschermittwoch-guttenberg
= Artikel aus Zeit-Online vom 09.03.2011 „Guttenberg hui, Einwanderer pfui"
Beim Politischen Aschermittwoch will die CSU Guttenberg zurück, die Opposition
spottet über ihn. Und Seehofer sträubt sich "bis zur letzten Patrone" gegen Einwanderung.

http://www.moebelum.de/cms/index.php?id=59&type=0&webgrab_path=http://www.
moebelum.de/db/index.php?action=Q_1StammRS&ArtNr=WVRABK
http://www.moebelum.de/cms/index.php?id=10&type=0&webgrab_path=http://www.
moebelum.de/db/index.php?action=Q_1StammRS&ArtNr=WOEXBA
http://www.moebelum.de/cms/index.php?id=16&type=0&webgrab_path=http://www.
moebelum.de/db/index.php?action=Q_1StammRS&ArtNr=WRSPMA
http://www.moebelum.de/cms/index.php?id=90&type=0&webgrab_path=http://www.
moebelum.de/db/index.php?action=Q_1StammRS&ArtNr=BSSPLO
http://www.moebelum.de/cms/index.php?id=57&type=0&webgrab_path=http://www.
moebelum.de/db/index.php?action=Q_1StammRS&ArtNr=WKSTNI
http://www.moebelum.de/cms/index.php?id=58&type=0&webgrab_path=http://www.
moebelum.de/db/index.php?action=Q_1StammRS&ArtNr=WLCHJY
http://www.moebelum.de/cms/index.php?id=74&type=0&webgrab_path=http://www.
moebelum.de/db/index.php?action=Q_1StammRS&ArtNr=SBLIMR
http://www.maghrebart.de/products-mainmenu-64/browse/92-teekannen.html?sef=hc
http://www.maghrebart.de/products-mainmenu-64/browse/90-tajine-a-
tagine.html?sef=hc
http://www.maghrebart.de/products-mainmenu-64/browse/110-sonnen-
lampen.html?sef=hc
http://www.maghrebart.de/products-mainmenu-64/browse/87-orientalische-
spiegel.html?root=62&sef=hc
http://wichmann-umzuege.de/uploads/images/Klavier_fluegel.jpg

Literaturverzeichnis

Bourdieu, P. (1982): Die feinen Unterschiede. Frankfurt.

Heckmann, C. & Quiring, C. (2009): Graffiti, Rap & Kirchenchor. Verlag Haus Altenberg.

Merkle, T. & Wippemann, C. (2008): Eltern unter Druck. Stuttgart: Lucius.

Reeb, M. (1998): Lebensstilanalysen in der strategischen Marktforschung. Deutscher Universitätsverlag.